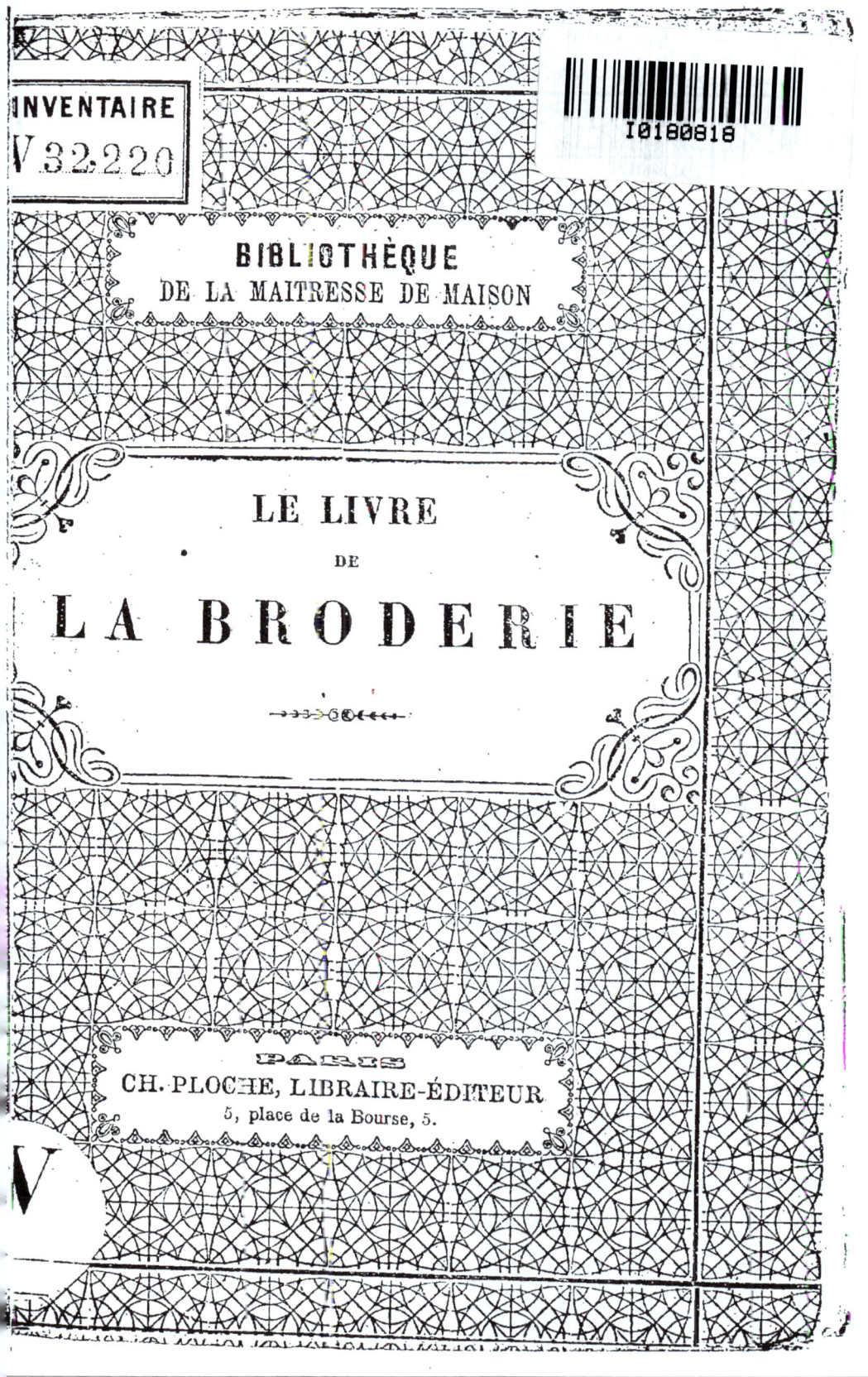

LE LIVRE

DE LA BRODERIE,

DU CROCHET ET DU FILET.

PARIS, IMP. DE SCHILLER AINÉ, 11, RUE DU FAUB.-MONTMARTRE.

LE LIVRE
DE LA BRODERIE,

DU CROCHET ET DU FILET

PAR

EUGÈNE WOESTYN;

SUIVI

DES MAXIMES CHOISIES

ET DES MISCELLANÉES.

PARIS

CH. PLOCHE, LIBRAIRE-ÉDITEUR,

5, place de la Bourse.

1852

LE LIVRE
DE LA BRODERIE,

DU CROCHET ET DU FILET.

DE LA BRODERIE.

On appelle broderie un dessin tiré à l'aiguille avec un fil quelconque sur toutes espèces d'étoffes. La plus simple s'exécute avec du coton blanc sur de la mousseline. On en fait aussi avec de la soie ou de la laine de couleurs variées. Enfin on voit aussi des broderies d'or et d'argent, soit en fil rond, soit en lames, soit en paillettes.

Toutes ces broderies ont des noms particuliers tirés de l'espèce de point ou de la matière que l'on emploie. Ainsi l'on dit broder :

En blanc,
En or,
Au passé,
Au plumetis,
Au point de chaînette,
Au point de marque,
Au nuancé,
A l'appliqué,

A l'aiguille,
Au crochet;
A la main,
Au métier.

Les mousselines et les tissus blancs se brodent à la main, le dessin étant bâti sous l'étoffe; mais pour les broderies d'or, d'argent et de soies nuancées, on trace à l'avance son dessin, puis on monte l'étoffe sur un châssis à pied que l'on nomme *métier à broder*.

Avant 89, la corporation des brodeurs sur étoffes excluait rigoureusement les brodeuses qui ne pouvaient travailler que sur le blanc.

L'origine de l'art de broder remonte à la plus haute antiquité, puisque ainsi que nous l'avons dit dans le *Livre de la Dentelière*, Arachné l'apprit de Minerve elle-même, de Minerve dont la robe ou *peplum* était entourée d'une broderie d'or représentant les hauts faits de la déesse, de Jupiter et des héros.

La robe de grand-prêtre, chez les Israélites, était brodée à l'encolure, afin que l'étoffe ne se déchirât pas. Le moyen-âge nous a laissé un curieux monument de broderie; c'est la toilette en tapisserie de Bayeux, que brodèrent la reine Mathilde et ses femmes, et sur laquelle elles retracèrent la conquête de l'Angleterre par Guillaume, duc de Normandie.

Broderie vient de *broder*, qui n'est lui-même qu'un dérivatif corrompu de *border*, parce que c'est en effet pour orner le bord des vêtements et des draperies que l'on faisait des broderies.

Du Crochet.

Le crochet à broder est un petit instrument en acier de la grosseur d'une forte aiguille à coudre avec lesquelles on les fait souvent. Il porte un petit crochet à son extrémité qui est pointue. Ce crochet est fait en forme de fer de flèche dont un côté serait enlevé; il est évidé des deux côtés pour loger le fil et la soie, et former une plus petite épaisseur, afin que le trou qu'il fait dans l'étoffe soit le plus petit possible.

Ce crochet est emmanché dans un manche d'ivoire, d'ébène ou de bois des îles.

On perce l'étoffe avec la pointe du crochet sur le dessin qui est tracé; aussitôt on accroche le fil ou la soie par dessous avec l'autre main, et l'on retire le crochet, en le poussant en arrière, afin qu'il n'accroche pas l'étoffe. Le fil passe double, et forme une ganse dans laquelle on passe le crochet pour l'enfoncer une seconde fois, et ainsi de suite, de sorte qu'à la fin, le dessin se trouve couvert d'une suite de petites ganses enfilées qu'on appelle *chaînettes*.

L'étoffe doit être très tendue sur un métier qui est en cercle, et qu'on nomme tambour.

Moyen de faire une rose au crochet.

Tenez-vous à savoir comment on fait, au crochet, un bouton de rose? Ce bouton est très-coquet, pour semis de couvre-pieds ou de pardessus de meubles.

Ecoutez bien. Vous faites d'abord un point de chaînette de toute la longueur du carré que vous désirez obtenir;

Puis sur cette chaînette, un rang de petits carreaux, de deux en deux points.

Quand on veut que le carreau soit un peu haut, on passe deux fois son coton sur le crochet avant de prendre la maille;

Au second tour, on laisse d'abord sept carreaux;

on fait quatre mailles pleines, et on laisse dans l'intervalle de quatre mailles, quinze carreaux.

Au second tour, il y a sept mailles, dont trois dépassent les quatre premières mailles.

Au troisième tour, également sept mailles.

Au quatrième tour, on laisse seulement un carreau sur les sept premières mailles, et on fait quatre carreaux pour faire dix mailles pleines ; les mailles dépassent en avant.

Au cinquième tour, à partir des quatre mailles pleines, sept mailles pleines, puis un carreau et dix mailles pleines, dépassant toujours en avant.

Au sixième tour, sept mailles pleines à partir des sept mailles du cinquième tour.

Au septième tour, et de chaque côté des sept mailles, quatre mailles pleines, ce qui fait deux carreaux d'intervalle, puis deux autres carreaux et sept mailles pleines.

Au huitième tour, quatre mailles pleines sur les quatre mailles, trois carreaux d'intervalle et seize mailles pleines.

Au neuvième tour, sept mailles pleines, commençant sur les quatre mailles, à partir des seize mailles, un carreau d'intervalle et quatre mailles pleines.

Au dixième tour, dix mailles à partir des sept mailles, deux carreaux et dix mailles.

Au onzième tour, treize mailles à partir des dix mailles, et le bouton est fait.

Quand on recommence, on fait d'abord un rang de carreaux, et on laisse à l'autre rang six carreaux d'intervalle, à partir de la dernière maille pleine, avant de faire les quatre mailles dont nous avons parlé au premier tour.

Nous désirons sincèrement que nos lectrices nous comprennent, et puissent, d'après cette simple donnée, reproduire un bouton de roses.

Moyen de faire le filet.

On garnit sa navette d'un tour de fil que l'on arrête solidement.

Formation de la première maille.

On tient le moule entre le pouce et le premier doigt de la main gauche, après avoir fait un nœud à l'extrémité du fil, et l'avoir passé par dessus la corde ou le bâton, sur lequel on ourdit le filet. On retient le nœud et le fil sur le moule, en le pressant légèrement avec le pouce.

On jette le fil en haut, sur la gauche, en sorte qu'il forme une boucle qui entoure le pouce; l'on passe encore la navette par dessus les deux fils qui sont retenus par le pouce, observant de la faire sortir par dedans la boucle formée précédemment.

Vous tirez le fil avec la main droite, pour serrer le nœud qui réunit les deux branches du côté de la maille.

Formation d'une seconde maille.

L'aiguille est passée sous les deux fils et dans la boucle, comme précédemment.

Le nœud est entièrement formé, lorsque l'on a tiré le fil avec la main.

L'on continue ainsi toute une rangée, suivant la grandeur du filet que l'on veut avoir.

Formation de la première maille du second rang.

Le filet est retourné de manière que la dernière maille qui a été faite devient la première du côté du corps ; le fil reprend ainsi la position qu'il occupait en commençant la première maille. On le retient avec le pouce.

L'on ramène le fil par dessous le doigt, sous le moule, où il est arrêté par le doigt index. L'on rejette le fil en haut pour former une boucle, et l'on passe la navette par dessous, entre les deux fils qui entourent le petit doigt, et on la conduit dans la maille du premier rang (ce qui s'appelle *prendre la maille*). On tire l'extrémité de la navette avec la main droite par dessus le moule, et l'on serre le nœud en tirant le fil : voilà la première maille du second rang qui est terminée. On la laisse sur le moule, et on continue de mailler ainsi, en prenant toutes les mailles du premier rang et sans tirer le moule dehors des mailles faites. Seulement lorsqu'il y en aura trop dessus, alors, on les ôte toutes, à l'exception d'une seule pour tenir le moule en état.

Quand la deuxième rangée est terminée, on retire le moule hors de toutes les mailles et on pose sous la dernière, après avoir retourné le filet; puis on fait la première maille du troisième rang comme la première du second rang, et ainsi de suite jusqu'à la fin du filet.

Il est une autre manière de lacer ou mailler le filet. Elle consiste à passer la navette dans la maille que l'on a faite, en embrassant en dessous les deux fils de la maille dans laquelle la navette a passé ; la navette sort dans la boucle que l'on a formée précédemment, en rejetant le fil en haut et sur la gauche.

Manière de faire le filet pour bourse, sac, etc.

On commence la première maille du filet en passant le fil dans une boucle formée avec une ficelle nouée par les deux bouts. Cette boucle est attachée avec deux épingles écartées, soit sur les genoux, soit sur une pelote un peu lourde. Le moule, communément en ivoire et tenu horizontalement entre le pouce et l'index de la main gauche, est soutenu par le médius.

   Le fil est arrêté sur la boucle au moyen d'un nœud. Il passe sur le moule, puis sur le doigt du milieu et le quatrième doigt, derrière lesquels il est ramené pour être arrêté sous le pouce, d'où on le laisse flotter. Ensuite on passe la navette dans la boucle que le fil a formée et dans la boucle de ficelle. On retire la navette par le haut, en retenant en même temps le fil avec le petit doigt, lâchant d'abord la portion de fil qui est sous le pouce, ensuite la boucle que tiennent le médius et le quatrième doigt, serrant le fil à mesure et n'échappant le petit doigt que pour achever de serrer le nœud. On continue de même une autre maille, est ainsi de suite jusqu'à ce qu'on ait le nombre de mailles nécessaire pour l'étendue du filet dont a besoin; puis retirant son moule, on recommence de la même façon d'autres mailles au-dessous des premières, dans lesquelles on fait entrer la navette à mesure, comme on l'introduisait dans la boucle du gros fil qui a servi à les monter. Si l'on voulait faire quelque chose de rond, comme une mitaine, par exemple, on commencerait par le haut du bras, faisant les premières mailles très-longues pour former cette espèce de frange qu'on voit à cet endroit des mitaines à jour, au lieu de retirer son moule pour aller en dessous. Quand on est parvenu à la dernière maille de la première rangée, on va reprendre tout de suite la première de toutes ces mailles, et l'on n'a plus qu'à continuer toujours de même, retirant quelques mailles de dessus le moule, lorsque le nombre, dont il est chargé, rend le travail difficile.

On rétrécit en prenant deux mailles à la fois sur la navette pour les réunir dans la formation de celle d'au-dessous ; on élargit, au contraire, en faisant deux nouvelles mailles dans la même qui est au-dessus d'elles.

Ceci pourra guider dans l'exécution d'une mitaine ou même d'un gant, puisqu'il n'est question pour les former que de rétrécir et d'élargir alternativement, suivant la direction indiquée par les formes à recouvrir.

Le filet, tel que nous venons de le décrire, présente une maille carrée ; ayant un nœud à chaque angle. On diversifie la forme des mailles et leur correspondance entre elles sur les passages de la navette diversement combinés. D'abord, on les fait rondes de deux manières, soit en passant la navette après l'avoir tirée de la maille supérieure, le fil étant placé sur tous les doigts, derrière le quatrième et dans la boucle du fil qui retourne derrière lui pour aller au pouce ; soit, plus simplement, lorsque le nœud est achevé, en passant la navette de dessous en dessus, à travers la maille supérieure à laquelle on vient d'unir la dernière formée.

Ce filet rond, ainsi qu'on le nomme, exécuté régulièrement et fait avec du fil très fin, imite parfaitement le réseau ; c'est celui qu'on préfère, par cette raison, pour le broder en point de reprise ; mais on en fait encore, pour de grandes parties, devant servir pour des bourses, d'autres combinaisons de mailles dont il résulte des mouches et divers dessins. Pour des mouches, on fait trois ou quatre mailles dans une seule, comme si l'on élargissait d'autant à la fois, mais à la rangée suivante, on prend ensemble toutes ces mailles de surplus avec celle qui est plus près d'elles, et la réunion de ces fils pressés offre un plein ou une mouche que l'on espace à volonté.

Pour un double carreau, on fait, après une maille ordinaire, une maille double en passant deux fois son fil sur le moule; on alterne la maille simple avec la maille double tout le long d'une rangée; on les reprend toutes également à la rangée suivante, serrant le fil plus ou moins pour les remettre à la même hauteur; puis, à la troisième rangée, on fait de nouveau une maille simple et une double tour à tour, observant de les ranger sous leur semblable de la rangée antécédente; on les reprend également dans la rangée d'après, et ainsi de suite : le filet présente un double carreau; chacun des grands paraît en renfermer un petit.

On fait du filet imitant le fond d'Angleterre d'une manière qui ressemble à la précédente. On commence par une rangée dont les mailles sont alternativement doubles ou simples (supposez les mailles en nombre pair, et que la première de toutes soit simple); la seconde rangée se fait comme à l'ordinaire; mais à la suivante on commence, au lieu de prendre la maille qui se présente pour y fixer son point, par attirer cette maille dans celle qui est au-dessus d'elle à la rangée précédente, à droite de la navette; là, on la prend et l'on achève son point comme de coutume.

La maille d'après celle qu'on vient d'attirer ainsi, et dans laquelle on doit faire le point suivant, se trouve elle-même attirée avec l'autre de la précédente rangée, et tournée maintenant du côté gauche de la navette; on ne retire point la maille de cette position; on va l'y prendre, après avoir passé deux fois son fil sur le moule; après quoi on recommence d'attirer la maille qui suit dans celle qui est au-dessus; puis on fait son point et l'on continue à l'autre maille, où l'on passe son fil deux fois sur le moule, toujours alternativement, jusqu'à la fin de la rangée, à la suite de laquelle on en fait une ordinaire en points simples et égaux.

Il résulte de ce procédé un point semblable à celui d'Angleterre, dont on lui a donné le nom; il est d'un effet très-agréable, lorsqu'il est exécuté très fin et avec beaucoup de régularité; il ne prend guère plus de temps que le procédé commun.

Cet exemple suffit pour donner une idée des variétés que l'imagination, secondée d'une main adroite, peut apporter dans la fabrication du filet.

Madame, notre tâche est remplie, mais non notre volume : Permettez-nous de le terminer par quelques conseils respectueux oubliés dans notre *Livre des Devoirs*.

CONSEILS

A DE JEUNES PERSONNES DE CONDITION,

Si je ne connaissais l'emploi de vos moments
Dont la gloire de Dieu fait l'unique partage,
Je vous demanderais, pour lire mon ouvrage,
    Un quart d'heure de votre temps ;
Mais je déroberais ce quart-d'heure peut-être,
A quelque malheureux qui, pour cesser de l'être,
    A l'instant que vous me liriez,
    Devant vous n'aurait qu'à paraître;
    La lecture que vous feriez
De mes moralités, quoique bonnes à suivre,
Je la condamnerais, vous la condamneriez,
    Un bienfait est meilleur qu'un livre.

MAXIMES.

Des belles manières.

Les manières polies et naturelles, peuvent suppléer aux perfections qui nous manquent : elles peuvent adoucir ce qu'il y a d'aigre et de choquant dans la vérité, et de farouche dans la vertu ; elles peuvent rendre la laideur aimable, et ôter les rides à la vieillesse. Les mauvaises au contraire gâtent tout, et sont capables de défigurer la justice, la raison, la beauté même. Notre extérieur est la première chose qui frappe les personnes qui ne nous connaissent pas, et cette première impression leur donne des idées de notre caractère, qui les éloignent de nous, ou les préviennent en notre faveur. Ainsi, puisque les belles manières sont la partie du mérite qui frappe davantage, on ne doit pas en négliger la précieuse acquisition.

L'application.

Un esprit médiocre qui s'applique, va plus loin qu'un esprit sublime qui se néglige ; la nature, quelques talents qu'elle nous prodigue, laisse toujour à l'art le plus difficile à faire : il faut que l'étude et l'exercice nous perfectionnent ; joignons l'application au génie ; ceux-là ne sont pas excusables, qui se contentent d'être médiocres, lorsqu'ils peuvent exceller. Savoir faire et savoir produire, c'est double habileté.

Connaître ses talents.

Le défaut le plus ordinaire de la jeunesse, est de mesurer ses forces sur son amour-propre. Rien n'est plus difficile à tout âge que de se désabuser soi-même : cherchez donc, connaissez votre talent, cette connaissance vous servira à cultiver ce que vous avez de plus excellent, à perfectionner ce que vous avez de commun ; mais si vous vous appliquez à quelque chose avec un instinct contraire, avec une inclination qui résiste, vous étudierez toujours, et ne saurez jamais rien. Quand vous vous serez rendu habile, vous aurez deux extrémités à éviter, l'empressement de vous produire, et l'affectation de vous cacher.

Louer peu.

Ne donner point de louanges excessives, elles aiguillonnent l'envie, et tournent en ridicule le flatteur et le flatté. L'exagération choque la prudence et blesse la vérité, elle découvre la faiblesse du jugement, la dépravation du goût, la malignité ou la bassesse du cœur de celui qui exagère.

L'assiduité.

La diligence et la précipitation se touchent de si près, qu'il est difficile de ne les pas confondre. Savoir employer l'une, savoir éviter l'autre, est une science réservée aux esprits du premier ordre.

l'assiduité tient le milieu entre elles, c'est une route plus longue, mais sûre, et que tout le monde peut suivre sans péril.

Trop de défiance de soi-même.

Il y a des gens que leurs propres lumières offusquent et rendent timides : la justesse de leur esprit, la vivacité de leur discernement, leur fait apercevoir des défauts dans ce qu'ils veulent dire aussitôt même qu'ils ont pensé. Cette activité prodigieuse leur inspire une crainte qui les glace. Pour ne pas tomber dans une défiance si désagréable, il faut s'accoutumer de bonne heure à ne pas rougir de s'être trompé, à souffrir sans dégoût et sans chagrin qu'on nous égale et même qu'on nous surpasse.

Timidité.

La timidité qu'inspirent les grands n'est supportable que dans les âmes vulgaires; pourquoi se déconcerter en leur présence ? La véritable grandeur est affable, nous lui rendons naturellement et sans effort nos hommages ; si elle est haute et vaine, ce n'est plus grandeur; l'honorer est l'office des lèvres, notre cœur demeure libre. Il est facile en l'une et l'autre circonstance de tenir un juste milieu : que votre respect ne soit pas si profond que vous en ayez l'air interdit, ni votre assurance si grande, que vous en perdiez le respect.

Céder aux opinions régnantes.

Ne déclarez point la guerre aux préjugés à la

mode, leurs sectateurs recevraient votre censure comme une offense, et une pédanterie méprisable. Le vrai est connu d'un petit nombre de gens, dont il est avantageux de s'associer; les fausses opinions sont reçues de tout le reste des hommes, qu'il est nécessaire de ménager.

Le choix.

Savoir choisir, est la prérogative la plus distinguée du bon sens, et du bon goût, tel néamoins a beaucoup de connaisssances acquises, le jugement solide, l'esprit délicat et fin, qui se perd quand i s'agit de faire un choix; c'est que ses passions se mêlent de le conseiller, il les écoute, elles le persuadent, il s'égare.

Fuir toute ostentation.

L'ostentation de la naissance est choquante; celle de la dignité odieuse; celle de la personne ridicule, celle de l'esprit insupportable. On pardonne moins à cette dernière qu'aux autres, aussi les habiles gens prennent-ils grand soin de l'éviter, comme un écueil où se viennent se briser la fortune et la réputation.

Excuser les défauts d'autrui.

Ne nous piquons point de cette sévérité inexorable qui condamne tout, dans les uns ce qu'ils ont fait, dans les autres ce qu'ils veulent faire. Le monde est plein de ces censeurs bilieux, qui ne font grâce et ne pardonnent qu'à eux-mêmes. La vraie sagesse au contraire est compatissante, et plus susceptible de trop d'indulgence que de rigueur, mais quoi de plus honnête que de faire des fautes de bonté !

Gagner les cœurs.

En matière de réputation, nous ne valons que ce qui plaît aux autres de nous faire valoir. Voulez-vous accroître leur bonne volonté pour vous, emparez-vous de leur cœur par leur bouche, gagnez leurs suffrages par votre humeur bienfaisante.

Se faire des amis.

Ne vous reposez pas tellement sur votre mérite du soin de vous faire aimer, que vous négligiez les secours que vous pouvez tirer de l'art et de l'industrie. Le mérite seul a un grand tour à faire pour arriver à la fortune, vos amis peuvent vous en abréger le chemin, c'est à votre habileté à se démêler du reste, à trouver les moyens de plaire ; alors non-seulement on connaîtra vos bonnes qualités, mais par une heureuse erreur que la prévention fera naître, on vous trouvera plus parfait que vous n'êtes.

Ne parler point de soi.

Il est difficile de beaucoup parler de soi-même sans tomber dans le ridicule. Se louer, c'est extravagance, se blâmer, c'est folie. La vanité ouverte attire le mépris, l'excessive humilité est toujours suspecte d'un orgueil secret.

Ne point négliger les petits défauts.

Il y a des bagatelles, de petites négligences, des

gestes, des manières, de mauvaises habitudes, qui provoquent l'aversion. Il est aisé de s'en corriger, et honteux de ne le pas faire.

Se plier aux usages.

Le langage et le goût changent, il faut s'y conformer; accommodons-nous du présent, quand bien même le passé nous semblerait plus raisonnable.

Espèce d'orgueil qui rend heureux.

L'infaillible moyen de vous contenter de ce que la fortune vous donne, est de vous estimer davantage qu'elle vous refuse.

Ne point négliger son extérieur.

Il y a dans le port, dans le regard, dans la démarche, une certaine autorité, qui ne cède point à celle de la parole : ce caractère de grandeur qu'on apporte en naissant ne vieillit jamais, si on ne l'a point négligé étant jeune.

Cacher ses malheurs.

Ne publiez point trop vos disgrâces, les plaintes ruinent le crédit, elles touchent peu de personnes, donnent du plaisir à quelques-uns, nous attirent le mépris des autres. Dissimuler sa douleur, c'est courage et force d'esprit, nos malheurs quand on ne les voit pas, sont presque comme s'ils n'étaient point arrivés.

Fuir toute affectation.

Il y a une sorte de négligence, si elle n'est pas trop répétée, qui sied bien aux grâces naïves et ingénues de la jeunesse, mais il serait dangereux que cette négligence tournât en habitude, car rien ne défigure tant le mérite et la personne que l'affectation. Mieux on s'acquitte d'une chose, plus il faut cacher le soin qu'on apporte à la bien faire.

Ne point contredire.

Ceux qui se plaisent à contredire ne sont point faits pour le monde, puisqu'ils ne peuvent s'accorder avec les autres : Voulez-vous conserver la paix avec ces gens-là, abandonnez la dispute avant qu'elle s'échauffe, toute la gloire vous restera comme au plus sage.

Prendre conseil.

Quelque parfait qu'un homme puisse être, il a souvent besoin de conseil, laissez une porte ouverte à l'amitié, c'est par-là que vous viendra le secours ; donnez à votre ami le droit de vous dire ce qu'il pense, et même de vous reprendre, mais n'accordez pas indiscrètement à plusieurs cette familiarité, elle n'apporterait que de la confusion dans votre esprit, du trouble dans votre cœur, sans rien produire d'utile pour votre conduite.

Connaître ceux à qui l'on parle.

La conversation est l'exercice le plus ordinaire

de la vie, et celui de tous où l'on fait le plus de fautes : le moyen d'éviter les plus considérables, est de faire comme les joueurs d'échecs, de bien considérer comment le jeu est disposé, avant que de remuer aucune pièce.

S'accoutumer à entendre louer les autres.

N'ayez jamais ni jalousie ni chagrin des louanges qu'on donne aux autres, c'est un témoignage de faiblesse et de malignité, qui ne peut partir que d'un méchant fond.

Beaucoup peser ses résolutions.

Dormez sur ce que vous avez à faire, vous ne serez point éveillé par une chose imprudemment faite. Penser avant que d'agir, c'est se mettre à portée de tous les expédients : ne penser qu'après avoir fait, c'est courir après des excuses.

N'être point crédule.

C'est une chose très ordinaire de mentir, ce doit en être une très-rare de croire ; mais si vous doutez de la bonne foi de celui qui parle, gardez-vous de lui en laisser rien entrevoir, ce serait joindre l'offense à l'impolitesse. Il y a du mensonge dans les actions comme dans les paroles, et cette tromperie est plus pernicieuse que l'autre, plus séduisante, plus difficile à démêler. Tel nous persuade par ses manières, qui nous rebuterait par ses discours. Pour n'être point la dupe des dehors gracieux et prévenants de ceux qui s'attachent à nous, il faut pénétrer ce qu'ils gagneraient à nous séduire ; moins ils espèrent de notre amitié, mieux nous devons présumer de la leur.

Ne point finasser.

Ne vous piquez point de finesse, elle approche trop de la supercherie, ou si quelquefois vous êtes contraint de l'employer, que ce soit seulement pour vous défendre de celle des autres.

Ne se point montrer tel qu'on est.

Etudiez le goût d'autrui, dissimulez le vôtre, cachez soigneusement votre passion dominante ; c'est un merveilleux secret pour captiver les cœurs, sans exposer le sien à aucune surprise.

Eviter la confidence du maître.

Ne cherchez point à vous charger du secret de votre maître ; s'il vous le confie, c'est un danger auquel il vous expose, votre présence lui deviendra un jour désagréable, il vous regardera désormais comme un témoin de son imprudence, qu'il ne pourra plus aimer, parce qu'il faudra qu'il vous craigne.

Raillerie.

Raillez rarement, et jamais que vous ne connaissiez bien la trempe de l'esprit de celui que vous voudrez plaisanter.

Etre obligeant.

Celui qui est tout à soi, ne veut rien relâcher de

tout ce qui l'accommode; il oblige peu, et ne s'occupe que de ses intérêts et de sa fortune; mais ordinairement ce frêle appui le trompe : Il est honorable et utile de nous quitter quelquefois pour les autres, afin que les autres se quittent pour nous au besoin.

Savoir prendre son parti.

Il faut vouloir quand on le peut, l'occasion n'attend personne. Ne vous réglez sur des maximes générales qu'en ce qui regarde la pratique de la vertu; mais n'assujettissez pas de même votre conduite et vos démarches en ce qui touche votre fortune; variez au contraire suivant les circonstances présentes; car les raisons de faire ou de ne pas faire changent selon la condition des temps, le caractère et la qualité de ceux dont nous avons besoin.

L'inconstance.

Rien ne décrédite davantage que la légèreté; dans les enfants ce n'est que gentillesse, mais dans les personnes faites, c'est un défaut honteux, dans les vieillards une folie monstrueuse.

Se borner dans ses études.

L'avidité de tout apprendre est un obstacle au savoir. C'est le malheur des gens universels de n'exceller en rien, pour vouloir exceller en tout.

Se respecter soi-même.

Soyons tels que nous n'ayons à rougir de rien

devant nous-mêmes; que la crainte de blesser notre modestie, plus forte que les préceptes, plus puissante que le respect humain, nous suffise seule pour détester le vice, et nous abstenir de tout ce qui peut en avoir les plus faibles apparences.

Vrai mérite.

La nature a joint dans les abeilles le miel et l'aiguillon; il faut dans le cœur et dans l'esprit un mélange de douceur et de force.

Science du monde.

Savoir vivre, savoir le monde, c'est savoir garder les bienséances; ce qu'on ne peut faire exactement sans raison et sans sagesse.

Les dangers de l'incertitude.

Se former des difficultés, c'est une marque d'esprit; mais c'en est une bien plus grande, après les avoir prévus de savoir prendre son parti. Il y a des gens qui ne sont jamais rien sans y être poussés par autrui, ceux-là réussissent rarement. L'irrésolution fait échouer autant d'entreprises que la précipitation.

Plaisant de profession, rôle détestable.

Il n'y a rien de plus rebutant qu'une continuelle plaisanterie, en voulant se faire la réputation d'être toujours vif, enjoué, amusant, on a bientôt celle d'être étourdi, léger, superficiel ennuyeux même.

Ne se point attrister.

Savoir s'épargner du chagrin est la plus utile de toutes les sciences, car outre le repos qu'elle nous assure, elle écarte de notre esprit les nuages de la tristesse, qui nous ôtent ordinairement la pénétration, l'activité, la prudence, dont nous avons besoin pour conduire sagement nos affaires.

Oisiveté.

Ne croyons pas ne rien faire, en ne faisant rien, car nous apprenons à faire du mal.

La plus grande richesse de l'homme.

Le temps est le véritable patrimoine de l'honnête homme, son bien le plus réel et le plus précieux, c'est un trésor inépuisable pour qui le sait économiser; l'étude du passé donne de l'expérience, le présent exerce la vertu, la considération d'un avenir heureux ou malheureux la soutient dans ses travaux.

L'opulence est l'écueil de la vertu.

Vous désirez de grandes richesses, voici le chemin que vous ferez, si elles vous viennent; du nécessaire vous passerez au commode, du commode au superflu, du superflu à l'excès, de l'excès au crime.

Craindre les applaudissements.

Défions-nous des louanges que l'on donne à notre vertu, à notre piété, elles nous accoutumeraient insensiblement à nous élever avec un dédain fastueux au dessus des personnes que nous croirions moins parfaites que nous, et bientôt nous passerions pour des dévots artificiels, qui sont plus méprisables et plus haïs que les libertins.

Modestie.

Il n'y a point de vice plus difficile à cacher que l'orgueil, il en transpire toujours quelque chose à à travers la dissimulation la plus profonde ; ainsi soyons modestes, mais d'un fond de modestie qui ne doive rien à l'art et à la politique.

Préférer le solide au brillant.

La première et la plus grande disposition pour réussir dans le monde, c'est l'attention. Il faut beaucoup réfléchir et s'attacher davantage à former son jugement qu'à charger sa mémoire, celle-ci ne donne que des fleurs, l'autre des fruits.

Origine de la mésintelligence des parents.

On s'étonne presque toujours des divisions qui règnent entre les familles ; on en recherche la plupart du temps la cause dans une source étrangère, lorsqu'avec la moindre attention, il serait aisé de s'apercevoir que cette désunion honteuse tire souvent son origine des tracasseries de l'enfance.

L'homme apporte en naissant le désir de commander à ses semblables. Son orgueil ne veut que des sujets et n'admet point d'égaux. Si le hasard favorise cet esprit de domination, il ne songe alors qu'à le faire valoir.

Un ancien usage a établi un droit d'aînesse. Le

privilége de *premier né* donne une sorte d'autorité sur des frères; on veut jouir de cet avantage, et l'on établit toujours ce droit avec une hauteur révoltante.

Si l'homme est né avec l'ambition de dominer, il se persuade aisément qu'il est aussi né libre. C'est ce sentiment intérieur qui persuade au *cadet*, que ses droits sont les mêmes que ceux de son aîné. Convaincu de ce principe, il veut être son égal et rougit de lui céder. Mais en établissant ces droits avec trop de prétentions de part et d'autre, on fait ordinairement évanouir la tendresse fraternelle; et le sang qui unit des proches est un lien bien faible, lorsque l'amitié n'en resserre plus les nœuds. C'est de ces discussions que naissent la jalousie et l'animosité, qui croissant avec l'âge, produisent souvent de tristes effets. Une mère regarde ces objets dans leurs commencements comme des bagatelles, indignes de fixer son attention, et néglige d'y remédier. Cependant ces *riens*, ces *misères* qui ont été les sujets des disputes frivoles de l'enfance, dans un âge plus avancé, font naître une antipathie, qui donne souvent des scènes au public. Accoutumés à se contredire, rarement on perd cette habitude, et c'est pour l'ordinaire dans les discussions d'intérêts qu'on en fait le plus d'usage. Dès lors on se méconnaît, on se brouille, on s'évite, et l'on finit par se détester.

Un parent, dont nous avons encouru la haine, est toujours un ennemi dangereux. Il saisira toutes les occasions se venger de nos torts; vrais ou faux, il n'épargnera rien pour nous nuire, et ne s'occupera que des moyens propres à renverser nos projets. C'est un ennemi implacable, qui ne pardonne jamais. Si nous cherchons à réparer nos torts et qu'il se prête à la réconciliation, ce raccommodement est toujours nécessité par des raisons d'intérêts. Lorsqu'elles ne subsistent plus, l'inimitié renaît avec plus de force, et souvent les suites en sont funestes.

Il n'est pire haine, qu'en parents; est un vieux proverbe dont malheureusement on ne peut nier la vérité. Nous en avons tous les jours sous les yeux des exemples trop convaincants pour nous refuser à l'évidence. Mais dans ce nombre de parents qui se détestent, combien n'en est-il pas qui seraient fort embarrassés de rendre compte des motifs de leur inimitié? Et combien en est-il aussi, dont la haine n'a d'autres fondements que des sujets puérils?

Des occupations.

S'appliquer à des ouvrages frivoles, voilà à peu près quelles ont toujours été les préoccupations des femmes. Si quelques-unes ont voulu s'en faire de plus sérieuses, en adoptant un genre d'étude, elles ont paru sortir de leurs éléments, on les a tournées en ridicule. Molière donna les *Femmes savantes;* plusieurs craignant de fournir le modèle de cette comédie, abandonnèrent les sciences, et affectèrent l'idiotisme. La terreur s'empara de toutes les mères, et il n'y en eut presque aucune qui ne s'appliquât à borner l'éducation de ses filles, avec le même soin qu'on avait apporté jusque-là à l'étendre. L'alarme fut longtemps universelle; on pourrait même dire que, dans notre siècle, cette vieille éducation prévaut quelquefois. On trouve encore des mères qui ont tremblé de voir renaître les Trissotins, ou qu'on leur imputât les travers que Molière répandit sur les femmes ridiculement savantes. Entichées de ce vieux préjugé, qui leur a été transmis par leurs aïeules, elles peignent l'étude à leurs filles des mêmes couleurs dont elles chargent le vice. C'est ainsi que pour éviter un ridicule on donna dans un autre, d'autant plus désagréable qu'il devint le fléau de la société.

Consultez la plupart de ces bonnes femmes, elles vous diront qu'une fille vertueuse doit apprendre à régler sa maison, à veiller sur son domestique, et que tout ce qui n'appartient point au détail du ménage est une science inutile, et même dangereuse. Je n'exclus point ces qualités, je les regarde au contraire comme essentielles. Mais doit-il être indifférent qu'une fille connaisse l'histoire; qu'elle sache qui fut le premier fondateur de la monarchie française; qu'elle soit instruite des révolutions de l'empire; des intérêts des différents royaumes; que la terre est arrosée par des fleuves qui servent à la féconder, que tel climat est propre à une denrée, celui-ci à une autre? Pourquoi lui ferait-on un crime d'assister aux assemblées publiques de nos académies? Elle y pourrait apprendre à juger de la beauté d'une expression, de l'élégance de la prose, du sublime de la poésie, et à discerner le mérite des auteurs. Dans la vie civile, toutes ces choses ont leur utilité, et bien loin de nuire aux intérêts d'une maison, elles lui procurent souvent des avantages réels. Une femme mérite sans doute qu'on l'estime lorsqu'elle est bonne économe, qu'elle chérit son mari, qu'elle veille sur ses enfants, pratique la vertu et leur en inspire le goût; mais c'est trop exiger de vouloir qu'on ne prétende rien au delà.

Se faire une occupation sérieuse d'une bagatelle ou négliger le détail d'une maison pour se livrer entièrement à l'étude, c'est donner dans deux excès également sujets à des inconvénients. Varier ses occupations, partager son temps entre des ouvrages agréables et utiles, cultiver ses talents, travailler à en acquérir de nouveaux, c'est un moyen sûr de n'être ni maussade ni ridicule. Une fille dont les propos sont hérissés de grands mots scientifiques, presque toujours vides de sens et plus souvent mal adaptés, ou celle qui, hors de sa coiffure, de ses bijoux et de ses ajustements se trouve isolée ; c'est ce qu'on appelle des êtres fort ennuyeux.

Quiconque n'a qu'un seul objet en vue, trouve bien des moments vides qu'il lui est impossible de remplir. La nature a départi une certaine mesure d'esprit à tous les hommes, mais cette mesure n'est pas égale.

Un caractère vif et saisissant tous les objets à la fois, est incapable de s'arrêter longtemps sur le même. Si ces objets ne sont point variés, il se dégoûte, se consomme, perd son activité et n'est plus susceptible d'aucune sorte d'application.

Un esprit lent, fixé sur un même sujet, s'engourdit, reste toujours au même point, et ne fait aucun progrès. Il faut l'aiguillonner pour le tirer de sa léthargie, en ne lui présentant que des objets qui le flattent et qui l'entraînent, pour ainsi dire, malgré lui.

Un génie tranquille, modéré, et toujours maître de lui-même, va pas à pas au but qu'il s'est proposé d'atteindre, et voit ses travaux couronnés par les succès les plus brillants.

Quoi qu'en disent quelques sophistes, l'éducation influe beaucoup sur les mœurs. Dans la bourgeoisie, où l'on est singe des grands sans en avoir les ressources, la plupart des filles sont élevées dans un genre d'occupation assez peu convenable à leur état. On leur fait souvent négliger l'utile pour ne les occuper que de l'agréable. Un particulier sans nom, qui a eu le secret d'amasser une fortune médiocre, croirait manquer à ses enfants si la danse et la musique ne faisaient point la meilleure partie de leur éducation. Sans prévoir que sa fortune peut essuyer une révolution qui va replonger sa famille dans le néant dont un éclair de bonheur vient de le retirer, il se fixe à ce point de vue, et jamais ses idées ne s'étendent au delà. Fier de ses richesses, il rougirait d'assurer à sa fille un moyen qui pût la mettre à l'abri des événements. Cependant combien est-il de filles dans le monde qui, avec le seul mérite des talents agréables, se voient exposées à toutes les horreurs de la misère, ou qui, pour s'en retirer, sont obligées de faire ressource de leurs charmes ?

Dans un rang plus élevé, on joint à ces deux talents l'étude de l'histoire, de la géographie, du dessin, de la peinture ; mais ordinairement on ne fait qu'effleurer ces dernières sciences, et souvent à peine en reste-t-il une légère teinture lorsqu'on a congédié ses maîtres. La danse, plus favorable aux plaisirs, est l'objet de prédilection. Un maître à danser, jaloux de faire primer son art, a le secret d'intéresser l'amour-propre en sa faveur. D'après son éloge, on reste persuadé que la danse, en développant les grâces, va prêter de nouveaux attraits. Une femme bien née est jalouse de briller au bal. C'est le seul endroit où il lui soit permis de paraître avec avantage.

Depuis qu'il a été établi qu'il fallait avoir la poitrine faible, l'estomac débile, que l'on ne vivrait plus que de drogues, il est indécent à quelqu'un du bon ton de chanter dans un concert. Si quelquefois on cède, eût-on le gosier de madame Damoreau, on a soin d'étouffer ses sons, de n'en point donner toute l'étendue. Pour masquer ce don précieux de la nature, on affecte une négligence, une monotonie insupportable, et qui souvent décèle une ignorance profonde des premiers principes de cet art; ignorance que l'on serait très fâchée de laisser entrevoir, mais qui n'est pas moins réelle. L'indolence avec laquelle on a cultivé les autres sciences donne du dégoût pour tout ce qui s'y rapporte. Si le hasard fait rencontrer dans la société d'une jolie femme quelqu'un qui agite un point d'histoire, s'il s'élève quelques contestations sur la situation d'une ville, ces matières lui causent la migraine. Hors d'état de dire son sentiment, qu'on lui demande avec instance, occupée de la crainte de laisser voir combien elle est bornée, une vapeur la sauve de ce mauvais pas. D'autres plus adroites mais aussi ignorantes, affectent un jargon précieux, ou croient se tirer d'embarras à la faveur d'une volubilité capable de déconcerter le plus habile nomme.

J'ai dit, au commencement de ce chapitre, que les futilités attiraient seules toute l'attention des femmes : peut-être serait-il avantageux qu'elles s'y bornassent. Il suffit pour s'en convaincre de jeter un coup-d'œil sur les occupations journalières de la plupart d'entre elles.

Une femme se lève toujours fort embarrassée de ce qu'elle fera. « Comment passer cette journée ? » est sa première exclamation. Cependant on se met à sa toilette, et la matinée se passe à raisonner sur l'arrangement d'une fleur, la tournure d'une Boucle, ou d'autres objets de cette importance. On annonce une visite, on la reçoit, on s'informe avec empressement de la nouvelle du jour. « N'avez-vous rien appris ? » Voilà la question. Une réputation flétrie est ordinairement la réponse. Midi sonne ; on demande ses chevaux, on court tous les marchands, on se fait écrire à quelques portes, on rentre enfin accablée de lassitude et excédée d'ennui. Le soir exige une nouvelle parure ; on va au spectacle, cela demande une toilette sérieuse. On redouble de soin ; on se rend tard à l'Opéra ; on s'y annonce avec fracas, on salue avec distraction, on tourne la tête au théâtre, on interrompt les spectateurs jaloux d'entendre nos chefs-d'œuvre lyriques. On sort au milieu de la pièce pour se rendre chez une amie. C'est son jour d'assemblée ; on se met au jeu en arrivant ; la bonne foi n'est souvent pas de la partie. Quoique occupée de son intérêt, on trouve encore le moment de médire ; on passe en revue toutes ses connaissances ; chacun rapporte ce qu'il en sait, plus souvent ce qu'il ne sait pas ; qu'importe, ce qu'on invente supplée à ce que l'on ignore. Enfin on rentre, et cela s'appelle une journée employée délicieusement.

Il est certain, et je ne saurais trop le répéter, que si l'on donnait plus de soin à l'éducation des filles, la société en retirerait un double avantage. Ce sexe enchanteur n'est-il pas susceptible de progrès rapides ? Oui, c'est un champ fertile qui, pour produire, n'attend que les soins d'un habile et judicieux cultivateur. Pourquoi donc le laisser en friche ? En accoutumant une fille dès l'âge le plus tendre à varier ses occupations, l'étude deviendra alors pour elle un amusement qui lui donnera au moins quelque teinture des sciences, et il en résultera un avantage réel. Certaines notions préliminaires et superficielles la conduiront à de plus solides, et lui en inspireront le goût. Alors ce ne sera plus un automate ennuyeux à soi-même et à charge à la société. Si cette éducation prévalait, on verrait bien moins de filles au milieu d'une conversation intéressante pour tout bon citoyen, déceler leur ennui par des baillements indécents, et l'on n'entendrait plus autant de questions ridicules.

Une fille qui veut lire l'histoire avec fruit, doit commencer par les meilleurs et les plus véridiques historiographes de sa nation. Lorsqu'elle les a suffisamment étudiés, c'est alors qu'elle doit s'attacher à ceux des divers peuples de l'Europe qui sont ou divisés ou alliés d'intérêts avec le royaume qui l'a vue naître. C'est ainsi qu'elle se trouvera instruite des événements les plus intéressants, et qu'un bon citoyen ne doit point ignorer.

« L'histoire, dit Cicéron, est le témoin des temps, la lumière de la vérité, la vie de la mémoire, la maîtresse de la vie et la messagère de l'antiquité. »

Cette étude ne doit point cependant exclure toute autre lecture ; chacune a son agrément et son utilité ; en varier les objets, c'est un moyen assuré d'acquérir des connaissances plus étendues : l'esprit, dans ses occupations, a besoin de délassement.

Esope compare, avec raison, cette faculté à un arc ; s'il reste longtemps bandé, il se rompt et devient une arme inutile entre les mains du chasseur.

L'histoire n'offre que des événements sérieux, et presque toujours produits par les mêmes motifs. Il faut une grande application pour en discuter les faits, les éclaircir, et pouvoir démêler la vérité, souvent altérée par un auteur partial. Ce travail, qui exige l'attention la plus sérieuse et la plus pénible, donne une certaine tension à l'esprit, qui peut le fatiguer.

Les charmes de la poésie s'offrent alors à propos pour délasser de ce travail. Son style pompeux et cadencé flatte l'oreille ; la variété des sujets qu'elle traite nous laisse le choix des objets. Une fiction ingénieuse, employée avec art, promène agréablement notre imagination. Une comparaison nous découvre des beautés qui, sans cela, allaient nous échapper. Une pensée neuve semble porter dans notre âme un trait lumineux ; elle nous arrache ces cris d'admiration si flatteurs pour un poëte. Le sublime de l'Ode, la naïveté du Conte, la morale de la Fable, le sel d'une Epigramme, tout est attrait dans la poésie. On est charmé de trouver dans une Idyle, une Eglogue, ou toute autre pastorale, des bergers dont la simplicité retrace l'image du siècle d'or. L'héroïsme de l'Epique élève l'âme et lui inspire des sentiments capables des plus grandes choses ; le Tragique nous remet devant les yeux le caractère et les vertus des grands hommes de l'antiquité ; la Comédie, où nous voyons les choses de plus près, parce qu'elle est plus dans nos mœurs, peint le vice sous des couleurs odieuses, ridiculise nos faiblesses, souvent même nous en corrige ; elle nous tient en garde contre un fourbe ou un flatteur, et nous apprend à discerner l'honnête homme de l'intrigant.

Mesdemoiselles, souvenez-vous qu'il n'est dans la vie aucune occupation à laquelle on puisse mieux adapter qu'à la lecture le précepte d'Horace, de *mêler l'utile à l'agréable*.

Je le répète, il faut qu'une prudence éclairée en dirige le choix. Ne lire que des ouvrages qui énervent l'âme, amollissent le cœur et font germer les passions, c'est courir au-devant du danger, et se précipiter dans un gouffre de remords.

Varier ses lectures, et ne choisir que celles qui peuvent orner l'esprit et former le cœur, c'est accumuler des biens qui deviennent d'une grande ressource lorsque l'âge a flétri les attraits.

De l'usage des talents.

Les hommes ne voient ordinairement en nous que les vertus ou les défauts que leur prévention imagine. Le plus ou moins de talents décide souvent leur jugement. Combien de fois les a-t-on vus préférer une femme qui n'avait d'autre mérite qu'une voix agréable, à celle qui ne savait qu'être vertueuse. La vertu est sans doute un trésor précieux. Toute réputation qui n'est point fondée sur ce principe, ressemble à un bâtiment élevé sur le sable que la moindre secousse peut faire écrouler ; mais la vertu n'exclut point les talents. Elle apprend au contraire à en faire un bon usage, et cet usage sert alors à répandre plus d'agrément dans la société. Ils sont même un moyen assuré de se concilier l'estime publique lorsqu'on les emploie avec prudence et qu'ils n'inspirent pas un sot orgueil.

Faire usage des talents que nous devons aux soins généreux de nos parents, c'est leur donner des témoignages publics de notre reconnaissance, c'est leur payer le tribut de l'éducation que nous avons reçue d'eux, et remplir nos devoirs. Nous nous rendons au contraire coupables envers eux de la plus noire ingratitude lorsque nous cherchons à dérober à la société des talents que nous tenons de leurs bienfaits. La nature, quoi qu'on en dise, a gravé dans le cœur de tous les hommes une certaine sensibilité pour un bienfaiteur. Nos parents sont certainement ceux à qui nous avons le plus d'obligation. C'est à leur générosité que nous sommes redevables de ces qualités qui nous font rechercher avec empressement. C'est de leurs bienfaits que nous tirons notre mérite. Ils n'ont rien épargné pour cultiver les dons heureux que nous avons reçus de la nature; c'est donc à nous à faire éclater hautement notre gratitude, autrement nous nous rendons méprisables.

Il n'est aucun talent que l'on doive négliger, tous ont leur utilité. La danse devient un exercice salutaire lorsqu'elle n'est point poussée à l'excès. La musique est un art agréable qui répand de nouveaux charmes dans la société. L'étude instruit sur les événements les plus intéressants de l'histoire, et l'économie apprend à régir prudemment les biens que nous tenons de la fortune. Cultiver tour-à-tour ces talents, c'est le moyen d'en retirer un très grand avantage. Donner à un seul une préférence exclusive à tous les autres, c'est en faire métier. Les négliger entièrement, c'est se rendre inutile dans le monde.

L'indolence contribue beaucoup au peu de soin que l'on apporte à faire usage de ses talents. On attribue presque toujours à la timidité ce qui est l'effet de la paresse. Cependant cette nonchalance est encore plus tolérable que cet amour-propre qui nous fait tout rapporter à nous-mêmes. La plupart des femmes n'exercent leurs talents que pour se faire des admirateurs; les yeux fixés sur un cercle, elles cherchent des applaudissements et jugent ordinairement du mérite d'un homme suivant les louanges qu'elles en reçoivent.

MANIÈRE

DE FAIRE SES ROBES SOI-MÊME.

A MADEMOISELLE NOÉMIE DE ***.

Mademoiselle,

Votre dernière lettre m'apprend dans quel embarras vous êtes, à cent vingt lieues de Paris, à la veille d'une *noce*, et ne connaissant rien de ce qui a rapport à la mode du jour. Vous avez emporté des étoffes de soie, des fleurs, des rubans de fantaisie; mais vous ne savez pas comment employer toutes ces jolies choses, ne trouvant pas, dans un pays presque sauvage, une couturière capable de vous habiller d'une manière à peu près convenable; c'est à en perdre la tête de dépit. Pour vous sortir du labyrinthe où vous êtes, vous appelez à votre aide mon expérience et mes conseils; je m'empresse, Mademoiselle, de vous être agréable.

L'intelligence que je vous connais, et le bon goût avec lequel vous faites les jolis petits ouvrages de fantaisie que j'ai vu sortir de vos doigts habiles, me donnent l'assurance que vous comprendrez facilement, quoique plus sérieux, les détails que je vais vous transmettre, pour vous apprendre à faire vos robes vous-même d'une manière gracieuse.

Commençons d'abord par organiser un *atelier*. Il nous faut, pour cela, une table ni trop haute ni trop basse ; à chacune une chaise à demi-dossier, afin de ne pas vous appuyer les épaules, ce qui donne peu de grâce, non-seulement à la personne, mais au travail, qui se ressent de la mauvaise tenue de l'ouvrière. Nous aurons un dé, des aiguilles de bonne grosseur, des ciseaux assez grands pour couper avec facilité ; de la soie toujours bien assortie aux nuances des étoffes, chose essentielle pour faire un joli travail ; du coton à bâtir, des baleines, des rubans de fil ou de soie pour les robes doublées de soie blanche ; enfin, un centimètre, indispensable pour prendre les mesures exactement.

Nous voici au travail, et nous commençons par vous, Mademoiselle, qui devez subir l'expérience. Je vous conseille d'abord, comme vous êtes blonde, de choisir la robe de taffetas d'Italie glacé vert et blanc pour toilette du matin. Ensuite, pour obtenir les mesures de la taille, du corsage et de la jupe, nous prendrons le centimètre et nous procéderons ainsi :

1. Longueur de jupe derrière . . 107 cent.
2. Longueur devant pour le buscage 95
3. Longueur sur les hanches. . . 107
4. Largeur du bas de la taille. . . 58
5. Largeur de dessous la gorge. . 62
6. Largeur de poitrine. 50
7. Largeur de gorge d'un dessous de bras à l'autre, pris près de l'entournure. 65
8. Longueur du devant depuis le col jusqu'au bas de la pointe . . 57
9. Longueur du dos depuis le col jusqu'au bas de la taille . . . 40

10. Largeur du dos 50
11. Largeur de l'épaulette depuis le col jusqu'au détour de l'épaule. 22
12. Longueur de dessous de bras. (Il faut prendre cette mesure bien haut sous l'entournure, et bien sur les hanches). 25
13. Entournure pour monter les manches 35
14. Longueur de la manche du côté du coude. 55
15. Longueur de la manche du côté de l'intérieur du bras. . . . 43
16. Largeur du poignet. 54

Avec ces mesures, qui sont exactes pour votre taille, nous commencerons par le corsage, que nous ferons de forme guimpe avec ceinture comme étant le plus facile et le plus simple, quoiqu'il demande néanmoins beaucoup de grâce dans la coupe.

Nous mettons l'étoffe dans le sens du travers, afin d'éviter les plis qui se forment à la taille, et nous prenons le droit fil pour une robe montante. (Le droit fil est beaucoup plus distingué, peut-être parce qu'il offre plus de difficultés pour la plupart des couturières.) Vous formez trois pinces, dont la première sera à trois centimètres du bas et dix du haut, partant du milieu du corsage. La première doit être plus basse que la seconde et la troisième plus haute que la seconde, pour qu'elle forme l'éventail. Des pinces, ainsi placées, donnent infiniment plus de grâce au corsage. Il faut couper l'encolure très-petite, pour éviter ce qu'on appelle le sac, ce qui empêche de monter le corsage assez haut. Pour l'épaulette, vous la biaiserez du côté du col et de l'entournure, pour donner de la rondeur à l'épaule et pour éviter le pli que font beaucoup de robes au défaut de la gorge. Pour que le dessous du bras prenne bien la taille, il faut le biaiser du bas et le tenir évasé d'en haut, afin de donner de l'aisance à l'entournure et d'éviter ce que nous nommons communément le *coup de sabre*. Pour le dos, qui doit être boutonné tout du long, vous le coupez très-étroit du bas jusqu'à la moitié du dessous de bras, et vous allez toujours en élargissant jusqu'au-dessous de l'épaule; vous y ajustez un petit côté que vous coupez un peu en biais.

Pour un corsage montant, on continue le petit côté jusqu'au-dessous de l'épaule, ce qui lui donne plus d'aisance. Dans le corsage décolleté, le petit côté doit être carré, pour faire tomber l'épaulette plus gracieusement. Vous placerez votre ceinture dans le sens de la lisière. Vous faites faire la pointe au milieu, et vous ajustez en cintrant la taille jusqu'au-dessous de bras en remontant, et vous redescendez jusqu'au milieu du dos en formant un peu la pointe.

Pour les manches, ce sont les pompadours qui sont les plus gracieuses. Vous les coupez à dix centimètres du poignet, en les évasant du bas sur quarante centimètres de largeur; du haut, qu'elles soient justes avec l'entournure. Faites trois petits plis à la saignée, pour leur donner plus de grâce.

Pour que la jupe soit bien ronde, voici comment il faut faire. Pour vous, mademoiselle, qui portez cent sept de longueur de jupe derrière, vous coupez six lés de même longueur, et quand votre jupe est faite, vous prenez un des lés par le milieu, ce qui fait le devant; et comme vous portez votre taille longue, vous busquerez le devant sur quatre-vingt-quinze centimètres et vous laisserez cent sept sur les hanches. Vous me direz : Mais pourquoi la longueur se trouve-t-elle la même pour les hanches que pour le derrière? Sans doute, pour beaucoup de femmes une différence existe; mais pour vous, mademoiselle, qui avez les hanches très-rondes comme la taille, et bien placées, il n'y a pas de différence dans ces deux longueurs. Vous la plissez à plis larges de cinq centimètres. Ayez bien soin que les premiers plis ne soient pas très-profonds, pour éviter le défaut des jupes qui, en marchant, font un pli sur le devant de la robe et lui donnent si mauvaise grâce. Vous laissez deux lés pour les fronces de derrière; les quatre autres sont pour les plis, c'est-à-dire qu'il faut partager l'ampleur par tiers.

Votre robe ainsi préparée, toujours en observant exactement les mesures par centimètres, vous habillera avec grâce et distinction.

Si vous voulez porter votre ceinture sans mettre de boucle, vous prenez votre tour de taille avec un ruban gros grain, auquel vous faites faire la pointe au milieu. A deux centimètres plus loin, vous formez trois petites coques l'une sur l'autre. Faites, avec le bout qui vous reste, une petite patte, et cousez-y des agrafes. Cette ceinture est simple et facile à mettre.

Vous me demandez conseil pour la robe du matin de madame votre sœur. Cette robe est violette glacée de blanc. Je vous engage à la faire montante, ouverte devant, avec des petites traverses. Vous en mettrez neuf depuis la pointe jusqu'à la moitié du corsage. Cette forme est très-gracieuse. Vous mettez les traverses en pareil et vous les couvrez de dentelle, avec une plus grande dentelle, pour former le bas tout autour du corsage. Les manches garnies de même et relevées par un nœud à pans. Pour les volants de la jupe, je vous conseille d'en mettre trois grands de préférence à sept petits; les grands volants sont plus toilette et étoffent davantage une robe.

Je vous fais observer que, comme madame votre sœur est plus forte que vous, il faut lui biaiser le bas du dessous de biais jusqu'à la hanche. Serrez la taille en cet endroit le plus possible ; et puis, pour rallonger sa taille qui est un peu courte, vous donnerez un peu d'aisance du bas en forme de petit gousset, seulement sur le devant. Il faut tenir le petit côté du dos le plus étroit possible, afin d'amincir la taille et de donner plus de grâce au dos; sans cela, les femmes un peu fortes ont l'inconvénient que leur dos paraît carré, que leurs robes remontent sans cesse, et qu'elles sont toujours très-mal habillées.

Le mois prochain, mademoiselle, je vous donnerai les indications nécessaires pour faire vous-même vos robes de bal. Quoique cachée dans un château solitaire, il arrive parfois que vous allez, vêtue de blanc comme une sylphide, danser à quelque domaine situé à l'autre bout du canton que vous habitez ; vous devez donc savoir suivre la mode, même au milieu de ces Alpes dont les paysans naïfs vous voyant passer en voiture, parée pour le quadrille, vous prennent pour la vierge Marie allant endormir les petits enfants.

UNE BELLE TOILETTE.

Dans l'hiver qui suivit la naissance du comte de Paris (1838), il y eut dans la capitale un mouvement immense d'argent ; il se fit des dépenses incroyables ; cela se conçoit : l'aristocratie financière avait remplacé l'aristocratie nobiliaire, on comptait au moins deux cents maisons *montées* à l'instar de celles de nos grands seigneurs d'autrefois. Ces chefs de famille, cependant, ne devaient leur fortune improvisée qu'à l'agiotage, à des entreprises industrielles *bien menées*, ou à des emprunts contractés pour le compte de gouvernements étrangers, dont les soumissionnaires seuls avaient su accaparer les bénéfices. Mais quelle que fût la source plus ou moins pure de ces richesses, elles n'en causaient pas moins à la classe littéraire et artistique, comme aussi à la classe marchande et ouvrière, un bien-être dont le manœuvre même se ressentait pour sa part. Quinze ou vingt domestiques placés dans chacune de ces maisons, dont *le train* n'existe plus aujourd'hui, procuraient à leurs fournisseurs attitrés une sorte de prospérité quotidienne, entretenue par les grands dîners, les soirées, les bals et les fêtes qui se succédaient. Pour donner une idée de cette prospérité, il me suffira de faire connaître ce qui se passait autour de l'appartement d'une de ces femmes jeunes et élégantes qui, en venant au monde, semblent prédestinées de Dieu et de la fortune, et de raconter les détails de sa toilette. On comprend que je n'en fus pas le témoin *de visu*, parce que ce privilége n'appartient à un homme que lorsqu'il a acquis le titre de mari, ou qu'il est attaché au service d'une reine ; les reines et les impératrices, seules, ayant des valets de chambre qui assistent à leur toilette, l'étiquette les astreignant, pauvres esclaves qu'elles sont souvent, à subir cette gêne en outre de beaucoup d'autres qu'il me serait trop long d'énumérer ici ; mais ces détails, dis-je, je les tiens de ma mère, versée sur la matière, qui me les raconta comme je vais essayer de le faire à mon tour. De semblables toilettes, il y en avait alors à Paris plus de trois cents par soirée, surtout en temps de carnaval. J'arrive au fait :

Un soir que ma mère revenait chez elle (il pouvait être environ neuf heures), en passant devant l'hôtel habité par M. N..., ancien munitionnaire général de nos armées, elle fait arrêter le modeste fiacre dans lequel elle était seule, et prie le cocher de demander au concierge si madame N... est visible. Sur la réponse affirmative de celui-ci, ma mère congédie l'automédon, à qui cependant le concierge avait offert obligemment d'entrer dans *sa* cour, sous prétexte que devant ouvrir bientôt *sa* porte, il ne lui en coûterait pas plus de le faire tout de suite ; mais le scrupuleux cocher s'était empressé de refuser cette politesse : c'étaient autant de tours de roues de gagnés.

Madame N... vers l'appartement de laquelle ma mère se dirigea, après avoir entendu le tintement de la cloche d'avertissement, donné par le concierge, était une très jeune femme que son vieux mari avait épousé en troisième noce, en lui reconnaissant un apport de 100,000 écus. Berthe était son nom. Elle était fille d'un ancien sous-traitant que probablement M. N.... avait ruiné, comme beaucoup d'autres; pour l'indemniser, disait-il, il avait épousé sa fille, douce créature d'une beauté ravissante et parfaitement élevée; mais là s'était borné l'indemnité. M. N..., en revanche, semblait idolâtrer sa femme, il faut le supposer, puisqu'il lui passait annuellement 48,000 francs, rien que pour satisfaire aux fantaisies de sa toilette; aussi madame N... était-elle une des femmes les plus élégantes de la capitale. Quoi qu'il en fut, ma mère toute revenue qu'elle prétendait être des vanités de ce monde, ressentait pour Berthe, qu'elle avait vu naître. un sentiment de tendresse que celle-ci lui rendait largement, ne l'appelant jamais autrement que sa toute belle, son ange chéri; mon père ne partageait pas cet enthousiasme à l'endroit de la jeune femme, dont il n'estimait que médiocrement le mari, prétendant que Berthe était un diable qui finirait par ruiner ce vieux fou de N... avec ses fanfreluches.

— Mais il a 500,000 livres de rentes? objetait ma mère qui eut toujours un faible pour les géns riches.

— Raison de plus! répliquait mon père qui, avec sa sévérité de principes, les haïssait cordialement, surtout lorsque leur fortune était hypothétique.

D'ordinaire on exagère volontiers la richesse des gens en les gratifiant du double de ce qu'ils possèdent véritablement. Le contraire avait lieu à l'égard de M. N..., qu'on accusait de jouir de 300 mille francs de revenu, tandis qu'en réalité il en avait le double; il est vrai qu'il se serait bien gardé de l'avouer; mais revenons à sa femme.

Lorsque ma mère se fit annoncer à Berthe, elle la trouva dans son cabinet de toilette, assise devant sa psyché splendidement éclairée, entourée de ses femmes et la tête aux mains de Mariton, occupé de la coiffer. Craignant d'avoir été indiscrète, ma mère, dis-je, fit mine de vouloir se retirer ; mais madame N... exigea qu'elle restât en lui disant, avec une moue charmante, provoquée par Mariton, parce que sans doute celui-ci lui serrait trop les cheveux, pour mieux lisser ses bandeaux :

— Chère bonne, c'est au contraire un service que vous me rendrez. Je connais votre goût parfait, vous donnerez des conseils à madame Julie (c'était le nom de sa première femme de chambre), d'autant qu'autrefois vous avez bien souvent assisté à des toilettes de princesses...

— Et plus souvent encore à celle d'une impératrice, interrompit ma mère, attendu que Joséphine avait coutume de faire au moins deux toilettes par jour, lorsqu'il ne lui arrivait pas, le soir, d'en faire une troisième (1).

(1) Madame Marco de Saint-Hilaire fut, pendant dix ans, *première femme* de l'impératrice Joséphine qui avait six femmes de chambres ordinaire et quatre valets de chambre attachés à sa personne. Cet emploi de première femme correspondait, à peu de chose près, à celui de grand-maréchal du palais de l'empereur : c'est-à-dire que la première femme de l'impératrice donnait les ordres à toutes les personnes qui faisaient partie de sa maison ; c'était elle qui était chargée de tous les détails d'administration intérieure. Elle était à la fois la trésorière et le secrétaire des commandements de l'impératrice. Elle organisait les voyages, recevait les fournisseurs, réglait et payait leurs mémoires, etc. Entre autres privilèges attachés à ses fonctions, elle avait celui de la garde des dentelles et du coffre aux bijoux ; ce meuble renfermait, rien qu'en diamants montés, une valeur de plus de quatre millions. En un mot, madame Marco de Saint-Hilaire était auprès de l'impératrice Joséphine, ce que madame Campan avait été jadis auprès de la reine Marie-Antoinette, *première femme*. Ces détails n'ont été donnés ici que pour l'intelligence de ce qui doit suivre.

— Dieu! que cette impératrice devait être heureuse, s'écria madame N... Aïe! Doucement, donc, Mariton, vous m'avez fait mal.

— C'est que les cheveux de madame sont si épais, répondit humblement le coiffeur comme pour s'excuser, que je ne puis les crêper comme je le voudrais.

— Il est de fait, cher ange, ajouta ma mère, comme fiche de consolation, que vous avez les cheveux d'une reine; la poudre vous siérait à merveille.

— Je n'ai jamais eu l'idée d'en porter, même au dernier bal costumé d'Hottinger.

— A présent les femmes s'habillent tout différemment que de mon temps. Vos modes d'aujourd'hui n'ont quelquefois pas le sens commun.

— C'est aussi ce que me dit mon mari; heureusement qu'il n'y entend rien.

Lorsque Mariton eut achevé de coiffer madame N..., il lui posa sur la tête un peigne monté en saphirs du plus beau bleu, entouré chacun de brillants d'un blanc admirable. Ce peigne, sur les cheveux d'un noir de jais de la jeune femme, faisait un effet merveilleux. Il lui avait déjà adapté, sur le front, une guirlande de diamants façonnée en épis, dont le milieu était orné d'une grosse rose jaune formée de diamants couleur citron, non pas colorés comme les topazes du Brésil, mais de purs diamants jaunes, montés sur or pour faire voir qu'ils étaient de bon aloi. Dans le haut de cette guirlande, étaient fichées, çà et là, quelques branches de jacinthe simple, mais d'un blanc ravissant et mat comme le lait.

Débarrassée de Mariton, Berthe se fit apporter une paire de bas de soie à jour, qui avait encore aux extrémités le point de soie cramoisie qui les retenaient l'un à l'autre; ces bas étaient fantastiques sous le rapport du travail.

— Que croyez-vous que coûtent ces bas-là? demanda-t-elle à ma mère.

— Je ne saurais le dire, répondit celle-ci en ouvrant de grands yeux ; mais bien certainement Joséphine n'en porta jamais d'aussi fins.

Ces bas ressemblaient à une toile d'araignée qu'on aurait argentée par le procédé Ruolz.

— C'est une étrenne de mon mari, poursuivit madame N...; ils ont coûté 150 francs la paire, je le sais, moi, et j'en ai une douzaine.

— Dix-huit cents francs! s'écria ma mère, quelle folie!

— C'est bien ce que j'ai dit; mais qu'y faire?

Ma mère regarda son ange chéri d'un air ébahi : « Mon mari pourrait bien avoir raison, se dit-elle à elle-même; elle ruinera le sien. »

Il faut que je dise ici que mon père avait rompu avec M. N..., et qu'il ne le voyait que par hasard, et seulement lorsqu'il le recontrait. Alors il le saluait poliment, mais voilà tout. Quoiqu'il eût contribué à commencer sa fortune, il est vrai sans s'en douter, peut-être était-ce là une des causes de ce refroidissement à son égard, je ne sais; mais toujours est-il que depuis qu'il avait épousé Berthe, dont il aurait été le grand-père, comparativement à l'âge de cette enfant avec le sien, leurs relations avaient en quelque sorte cessé. Ceci explique la contrariété qu'il ressentait lorsqu'il venait à savoir que ma mère était allée visiter madame N..., tout en lui disant toujours, d'un ton de mauvaise humeur :

— Non pas que je t'empêche de la voir, ma chère amie, au contraire!...

Berthe ayant interprété en sa faveur l'étonnement manifesté par ma mère, pour lui prouver la simplicité de ses goûts, se fit apporter d'autres bas; mais cette fois, ceux-ci étaient en coton.

— Tenez, chère bonne, lui dit-elle encore, en

passant sa main blanche dans le tissu qui n'était pas d'une moindre finesse que les premiers, en voilà qui ne coûtent que 50 francs la paire.

Puis s'adressant à sa première femme de chambre qui n'avait pas encore ouvert la bouche, bien qu'elle mourût d'envie de parler, tandis que deux autres restaient immobiles comme des statues :

— Krans a-t-il apporté mes souliers? lui demanda-t-elle.

— Oui, madame; mais il craint d'avoir fait le semelle un peu forte.

Ces semelles étaient de l'épaisseur d'une carte à jouer.

— Imaginez-vous, chère bonne, poursuivit madame N..., tout en se faisant chausser par ses femmes, qu'il m'est arrivé avec ce Krans la plus drôle d'aventure ; il m'avait fait, pour la campagne, des souliers de prunelle noire. Ces malheureux souliers se déchirèrent après une promenade d'un quart-d'heure. De retour à Paris, je dis à Julie que vous voyez (madame Julie s'inclina en baissant les yeux) de m'amener mon cordonnier la première fois qu'il aurait occasion de m'apporter quelque chose. Il vint :

— Eh quoi, lui dis-je en lui montrant le soulier déchiré ; voyez dans quel état il est, après avoir fait à peine dix pas !

Krans regarde attentivement le soulier, le retourne, examine les coutures, et, remarquant les parcelles de sable dont la prunelle était encore légèrement imprégnée :

— Ah ! ché fois ce que z'est, me répondit-il avec son accent tudesque; z'est que matame se zera promenée tans les allées de zon bargue?

— Certainement! Et puis?

— Ché ferai opserver à matame que zette genre de chaussure il n'y être faide gue bour resder assise.

— Comment trouvez-vous le mot, chère bonne ? poursuivit Berthe, en riant au souvenir de cette parole sacramentelle.

Ma mère se mit à rire aussi, car elle dut présumer, par expérience, que l'artiste cordonnier était assez simple pour avoir dit sérieusement cette bonne bêtise.

Madame Julie, après avoir passé à sa maîtresse une chemise de batiste brodée et garnie d'une petite valencienne, comme Mme Ramier, qui était sa lingère, savait les monter, lui mit un corset de gros de Naples tout uni taillé par Mme Coutan. La coupe de cette corsetière émérite avait le précieux avantage, tout en ne déformant jamais, de laisser toujours la taille parfaitement libre. Elle lui passa ensuite un petit jupon de batiste brodé à jours par le bas; puis encore une robe de dessous en satin blanc faite par Herbault, qui habillait alors madame N..., ainsi que Palmyre Chartier. Quant à la robe qui devait parfaire cette toilette, elle était en tulle blanc brodé de soie plate, blanche et brillante; la broderie représentait des guirlandes de myrthes avec leurs petites feuilles et leurs petites boules blanches qui commençaient au bas de la jupe en remontant au corsage. Ces guirlandes diminuaient de dessin au fur et à mesure jusqu'à la taille, qu'elles semblaient amincir. Les manches, très courtes, étaient pareilles et brodées comme la jupe; elles n'étaient ni trop plates ni trop bouffantes. Au bas de cette jupe était une grosse guirlande de jacinthes bleues et blanches, façonnée par par Mme Parent-Watier, et fixée sur le tulle au moyen de points de grosse soie dissimulés par les fleurs mêmes de la guirlande. Ainsi soutenues, le poids de ces fleurs empêchait que la robe ne bridât sur le devant. Un bouquet de jacinthes pareilles à celle de la guirlande, et posé sur le côté du corsage, vint compléter l'ensemble de cette toilette vraiment ravissante.

Quand Berthe fut habillée, elle se retourna gracieusement vers ma mère, et lui demanda, avec un regard dont le feu le disputait à ceux que jetaient les brillants qui scintillaient sur son front :

— Comment me trouvez-vous ?

— Admirablement belle, comme toujours; mais aujourd'hui peut-être, plus belle que vous n'avez jamais été. Ah ! ça, cher ange, ajouta ma mère avec bonhomie, sans être trop curieuse, où allez-vous donc ce soir ainsi parée ?

— Chez un banquier allemand... 'monsieur... monsieur... fit la jeune femme en riant cette fois aux éclats, ma foi ! j'ai oublié son nom, qui finit en of... Je n'ai jamais vu cet homme; mon mari doit me présenter à sa femme, chez laquelle il y a *raout!*

— Alors hâtez-vous, ma toute belle, parce qu'il ne faut jamais faire attendre son mari : ces messieurs s'impatientent facilement, j'en sais quelque chose.

— Oh ! c'est plutôt lui que j'attendrai. Il a dîné chez son agent de change où je dois l'aller prendre à dix heures. Il m'y a donné rendez-vous, en me recommandant de ne pas descendre de voiture et de le faire prévenir de mon arrivée par son chasseur qu'il m'a laissé; mais je monterai; je ne suis pas fâchée que cet agent de change, qui a du goût, m'a-t-on dit, me voie au moins une fois en toilette; car ce n'est pas tout, fit encore la jeune femme, vous allez voir.

Et, se dirigeant vers un magnifique meuble de Tahan, style Pompadour, placé entre la cheminée du cabinet et une jardinière garnie en toutes saisons de fleurs naturelles, madame Julie ouvrit ce meuble au moyen d'un secret que Berthe et sa première femme de chambre, seules, connaissaient.

Il recélait son écrin estimé 500,000 francs : un demi-million ! Ce trésor était parfaitement en sûreté dans cette espèce de tabernacle mondain.

Madame Julie sortit d'un compartiment un collier composé de neuf gros saphirs d'un bleu oriental, entourés chacun de douze brillants limpides comme l'eau de roche. Ce collier était peut-être un des plus beaux bijoux qui fût à Paris dans un écrin non-princier. Les girandoles étaient formées d'une poire en saphirs surmontée d'une grosse perle fine coupée et entourée de brillants moins gros que ceux de la garniture des pierres ; j'ai omis de dire que trois agrafes, semblables au collier, joignaient les plis de tulle sur les épaules et sur le devant du corsage de la robe. Une quatrième agrafe, façonnée comme les autres, mais d'un volume plus apparent par la monture, arrêtait le nœud d'un ruban de satin blanc, large de trois doigts, placé au-dessous du bouquet, par conséquent un peu de côté. Les bouts de ce ruban tombaient jusqu'à la cheville du pied : nœud et ruban formaient la ceinture flottante qui, à cette époque, était de rigueur en grande toilette.

Puis madame Julie conduisit sa maîtresse devant la psyché, fit placer les deux femmes de chambre sous ses ordres à droite et à gauche de la glace, en tenant chacune une bougie à la main, pour examiner elle-même s'il ne manquait pas une épingle à la toilette de madame N... C'était une sorte d'inspection à laquelle Berthe devait se soumettre.

— Je suis faite à cela, dit-elle à ma mère en souriant du plaisir qu'elle éprouva en se voyant aussi belle ; sans cela madame Julie ne me laisserait pas sortir.

— Plus loin ! mesdemoiselles ! s'écria la première femme de chambre, éloignez-vous donc encore un peu... bien ; et restez là... Voudriez-vous risquer de jeter de la bougie sur la robe de madame ?

L'inspection passée, madame Julie alla prendre dans un sultan, peut-être trop parfumé, un mouchoir de batiste tellement chargé de broderies, qu'à peine y restait-il de la batiste. Autour de ce mouchoir, bouillonnait une valencienne excessivement fine, et qui n'avait pas plus de deux doigts de hauteur. Elle laissa tomber sur ce mouchoir deux gouttes d'essence de verveine de chez Lubin, puis donnant à sa maîtresse un magnifique éventail d'écaille blonde, dont les clous de la virole d'attache n'étaient autre que deux turquoises entourées de semence de brillants, elle la regarda une dernière fois en s'éloignant doucement, pas à pas, et lui dit enfin du ton le plus respectueux :

— Maintenant, madame peut partir.

— Et moi aussi ! s'écria ma mère en cherchant des yeux le siége sur lequel, en arrivant, elle avait déposé son manchon.

— Encore un moment, chère bonne ! se hâta de répliquer madame N..., impatiente que ma mère ne la vît pas dans tous ses atours. Je vous jetterai chez vous en passant. Voilà ce qu'on gagne, ajouta-t-elle avec un sourire qui eût fait la perdition d'un ange, à se trouver sur mon chemin.

A ces mots, madame Julie mit un genou sur le tapis, et tendit à sa maîtresse des petites bottes de satin blanc, piquées et garnies de cygne tout autour, dans lesquelles Berthe fourra ses petits pieds, car dans le fait, avec ses bas diaphanes et ses souliers pour ainsi dire de papier glacé, elle était presque jambes nues.

La femme de chambre se releva et donna à sa maîtresse, pour y passer ses bras nus dont les contours étaient irréprochables, deux longues mitaines également en satin, piquées et bordées comme les bottes.

— Et vos bracelets ! exclama ma mère, vous alliez les oublier !

— Je n'en mets jamais !

— Comment ! ni bracelets ni bagues ?

— On n'en porte plus. Tenez ! fit-elle en montrant deux mains mignonnes dont la transparence des chairs et le rosé des ongles eussent été enviés par une duchesse ; j'ai mon alliance, c'est tout.

Enfin, et comme pour couronner l'œuvre, madame Julie lui posa sur les épaules une palatine de satin bleu Marie-Louise, garnie de petit gris de chez Kœnig, tout cela léger, frais, parfumé, et d'une élégance ! ! !

Toute accoutumée qu'était ma mère à voir madame N... dans ce qu'il est convenu d'appeler une *belle toilette*, cette fois, celle de sa jeune amie lui parut plus resplendissante que jamais ; elle ne pouvait se lasser de la regarder, et restait en quelque sorte en contemplation devant elle.

Berthe la reconduisit jusqu'à la porte de notre modeste maison, où elle lui dit d'une voix indéfinissable, tout en lui tendant le front :

— Bonsoir, chère bonne.

— Amusez-vous bien, ma toute belle, lui répondit ma mère en l'embrassant avec précaution, dans la crainte de déranger quelque chose à sa coiffure, et surtout, ajouta-t-elle, en pressant le bout d'une de ses mitaines, prenez bien garde de gagner froid en sortant : Adieu, mon ange chéri, au revoir.

Les chevaux de la voiture de madame N... repartirent au grand trot : il était plus de onze heures.

En rentrant chez elle, ma mère trouva mon père qui, en pantoufles de peau de veau, et ayant endossé son infime robe de chambre de molleton gris l'attendait avec impatience, inquiet d'une absence qui n'était plus dans les habitudes de sa femme.

— D'où viens-tu donc à pareille heure? lui demanda-t-il d'un ton de mécontentement mal déguisé, et en regardant autour de lui, le nez au vent, comme pour se rendre compte du parfum que ma mère avait répandu par la chambre en y entrant.

— Devine? lui répondit-elle, en souriant à sa manière.

En effet, le peu de temps qu'elle était restée dans l'appartement constamment embaumé de Berthe, et assise près d'elle dans sa voiture, qu'on aurait pu comparer à une cassolette doublée de velours; ce laps de temps, dis-je, avait suffi pour imprégner son manchon ainsi que son châle, de cette exhalaison enivrante, mains indéfinissable, qu'on ne rencontre qu'aux Italiens, dans le couloir des premières loges découvertes.

— Assurément, ma chère amie, répliqua mon père, tu sors de la boutique de quelque parfumeur, car tu empestes le musc, l'ambre, que sais-je....? Pouah!... que cela sent mauvais!

Et il aspira une énorme prise de tabac, comme pour paralyser les émanations que les produits les plus orientaux de Lubin éparpillaient autour de lui.

Ma mère lui avoua, d'un air narquois, qu'elle venait de faire une petite visite à madame N...

— Allons, fit mon père en s'asseyant brusquement; c'est toujours la même chose... Non pas que je t'empêche de la voir, au contraire!

Ma mère se prit à rire en entendant cette dernière phrase stéréotypée dans la mémoire de son mari, et, pour détourner la conversation, en croyant intéresser mon père, elle commença à lui raconter les détails de la toilette de Berthe, auxquels elle avait en quelque sorte présidé; mais à peine était-elle arrivée à la description de la robe de tulle, qu'elle s'interrompit tout-à-coup...

C'est qu'en écoutant ce récit, mon père s'était endormi profondément dans son fauteuil.

FIN.

TABLE.

De la Broderie.
Du crochet. 6
Moyen de faire une rose au crochet.
Moyen de faire le filet. 9
Conseils à de jeunes personnes de condition. 15
Maximes. 16
Manière de faire ses robes soi-même. 40
Une belle toilette. 46

www.ingramcontent.com/pod-product-compliance
Lightning Source LLC
LaVergne TN
LVHW021734080426
835510LV00010B/1262